Rev. Pedro Vitalino dos Santos Neto Neto

DOMINGO - o dia do Senhor

Rev. Pedro Vitalino dos Santos Neto Neto

DOMINGO - o dia do Senhor

Um principio fundamental para vida cristã

CREDO EDICIONES

Imprint

Cover image: www.ingimage.com

Publisher:
CREDO EDICIONES
ist ein Imprint der / is a trademark of
International Book Market Service Ltd., member of OmniScriptum Publishing Group
17 Meldrum Street, Beau Bassin 71504, Mauritius

Printed at: see last page
ISBN: 978-613-1-74416-7

DOMINGO O DIA DO SENHOR
UM PRINCIPIO FUNDAMENTAL PARA VIDA CRISTÃ

Por

REV. PEDRO VITALINO DOS SANTOS NETO

DEDICATÓRIA

SUMÁRIO

I
– Introdução –

"Onde os domingos são negligenciados, toda a religião decai sensivelmente".
Matthew Henry

Será que o Dia do Senhor, o domingo seria apenas um dia de descanso. Um dia de se lavar carro, de colocar a casa em ordem. Será o domingo um dia do jogo de futebol com os amigos, do churrasco em família?

A confissão de Fé de Westminster no capitulo XXI, expressando-se acerca do sábado, diz que:

> *"Este sábado é santificado ao Senhor quando os homens, tendo devidamente preparado os seus corações e de antemão ordenado os seus negócios ordinários, não só guardam, durante todo o dia, um santo descanso das suas próprias obras, palavras e pensamentos a respeito dos seus empregos seculares e das suas recreações, mas também ocupam todo o tempo em exercícios públicos e particulares de culto e nos deveres de necessidade e misericórdia".*

Diante deste fato, podemos dizer que a guarda do sábado (descanso) é destinado ao culto a Deus, mostrando que não deve ser de forma relapsa, mas sim, tendo uma devida preparação de nossa parte, empregando todas as áreas de nossas vidas.

O tema do qual propus (domingo - um dia fundamental para vida cristã), se faz necessário, tamanha sua importância e ao mesmo seu descaso. Quando olhamos para um assunto como este, vemos que existem muitas controvérsias.

O domingo um dia que é dedicado ao Senhor pelos cristãos, ao longo dos tempos tem sido prejudicado e porque não dizer banalizado quanto a sua importância.

É triste notar que muitos dos cristãos contemporâneos têm se deixado levar pela cultura doente que os envolve com seu pensamento egoísta do imediatismo e do crescente valor a coisas que não são de tão grande valor. O sábado cristão é fundamental para vida cristã. Esta doutrina merece nossa atenção e principalmente seu cumprimento de forma correta, através do entendimento que a Bíblia nos ensina. Vejamos as implicações acerca deste tema que é tão importante para vida cristã, através do exame bíblico sobre este assunto.

II

– DEFINIÇÕES –

"O domingo é uma instituição divina, e não há dinheiro que a pague".

Winston Churchill

É de suma importância definir e ter o sentido correto do sábado, para se poder delimitar sua guarda correta, ajudando-nos assim a obter uma posição em face de um assunto como este que é tão controverso.

O termo sábado deriva-se do verbo hebraico tabf$,Shabat, (Usaremos no decorrer deste trabalho tal transliteração para referir-se ao tfBa$ para facilitar o desenvolvimento da escrita), onde aparece 71vezes no Antigo Testamento, aparecendo inicialmente em Gênesis 2.2. Este verbo possui um significado que pode ser entendido como "cessar"; "desistir"; "descansar"; "deixar de"; "chegar ao fim".

Podemos compreender diante deste verbo que ele é caracterizado pela ação de deixar de fazer algo que rotineiramente é realizado, é a interrupção de um ato de uma ação.

Existem também variações deste verbo tabf$ (shabat), na forma substantivada pode ser também encontrado como tfBa$ (shabbat), onde este recebe uma duplicação na consoante e mudança das vogais, ou seja, um duplo 'b' possuído forma intensiva, mostrando que possivelmente este vocábulo é um substantivo derivado do piel (grau intensivo hebraico), implicando em uma cessação completa ou o ato de fazer cessar.

Existem diversas teorias acerca da origem do shabbat, onde tentaremos expressar de forma breve tais correntes[1]:

a) **Origem Babilônica** – De acordo com essa teoria, os hebreus teriam tido seu primeiro contato com a semana de sete dias em Canaã e, posteriormente, transformaram tal observância do Shabbath em lei.

---

[1] DRESSLER. Harold H. P. Do Shabbath para o Dia do Senhor, O shabbath no Antigo Testamento, São Paulo (SP), Editora Cultura Cristã, págs. 21- 22.

b) **Origem Lunar** – afirma que o Shabbath é o Dia da lua Cheia. Para estes o termo Shabbath pode significar "lua Completa", conhecido como lua cheia, tornando-se assim este dia de lua cheia como Shabbath.

c) **Origem Quenéia** – tal teoria indica que a procedência da lei é um tabu relacionado ao fogo, ou seja, o Shabbath seria um tabu antigo dos queneus, os mestres ferreiros do deserto, dentre os quais Moisés passou a ter contato ao se casar com uma mulher quenéia.

d) **Origem Socioeconômica** – Para estes o Shabbath é uma instituição social, tendo função de igualar todas os homens, esta consistia numa prática econômica e social, semelhante com "um dia de mercado" romano, tendo sua origem de costume praticamente universal de guardar dias de descanso, ou mesmo dias de festa, dias de mercado, em intervalos regulares.

e) **Origem Calendárica** – esta teoria pressupõe-se em duas propostas conflitantes, primeiro há o esquema de cinqüenta dias, baseado nos sete ventos do mundo, do qual decorre a semana de sete dias e segundo segue o esquema do quinto mês, sendo a semana de seis dias da antiga Ásia ocidental, a qual recebeu o acréscimo de um dia de descanso em função da cessão do trabalho divino depois dos seis dias de criação.

Entendemos que mesmo que levantem-se diversas teorias acerca do shabbath a definição bíblica é inequívoca, tendo sua origem em Israel, fruto da lei de Deus para com o seu povo. E ao se tratar de Israel, vemos que "as evidências com respeito a essa questão são claras; somente a literatura hebraica se refere em termos categóricos a uma semana de sete dias e um Shabbath" [2]

Abordaremos mais especificamente a questão a questão do sábado e seu desenvolvimento posteriormente.

No Novo Testamento, Shabbat é representado pela palavra grega sa/bbaton (Sabbaton), onde aparece nesta forma 14 vezes tendo assim o mesmo sentido do termo

---

[2] DRESSLER. Harold H. P. Do Shabbath para o Dia do Senhor, pág. 23

hebraico no Velho Testamento. No calendário judaico este era consagrado como sendo um dia de descanso e adoração a Deus.

A LXX usa a palavra sa/bbaton para designar o sábado. Este pode ser entendido como o sétimo dia sagrado para os judeus, podemos encontrar também a expressão ta sa/bbata (Mt 28.1a) designando um único sábado ou até mesmo uma única semana(Mt 28.1b)[3].

O termo sa/bbaton possui derivação incerta do hebraico, porém, etimologicamente, a explicação mais plausível é que esta possa continuar sendo uma derivação do verbo hebraico tabf$, "cessar", fazer pausa".[4]

Costa tratando acerca do Dia do Senhor afirma que:

> "*No grego, a palavra é apenas transliterada do hebraico,* sa/bbaton *(Sabbaton), preservando o mesmo sentido. Algumas vezes a palavra indica "semana" inteira (Mc 16.2; Lc 18.12; Jo 20.1,19; At 20.7; 1Co 16.2), visto que os demais dias não tinham nomes, sendo designados por números ordinais: 1º, 2º... O domingo era o primeiro dia da semana.*
>
> *No Novo Testamento, encontramos a expressão kuriako/j (kyriakos) ("do Senhor", "pertencente ao Senhor"), que é derivada do ku/rioj (kyrios), "Senhor". Kuriako/j só ocorre duas vezes no NT.; em 1Co 11.20, "Ceia do Senhor", indicando a sua instituição ou posse do Senhor; e, Ap 1.10, quando especificamente fala do "Dia do Senhor".*

Em suma podemos dizer que tanto no Antigo Testamento quanto no Novo Testamento, o uso do termo sábado, pode ser entendido como cessar de atividades rotineiras, voltando-se assim exclusivamente para atividades que envolvam o relacionamento com Deus, pois isso é fundamental para vida Cristã.

O termo tanto no AT quanto no NT expressa um dia que marca o que podemos chamar de o limite, o fim da semana e a cessação do todo trabalho.

---

[3] F.Wilbur Gingrich. ***Léxico do Novo Testamento, Grego Português***. São Paulo (SP) Ed. Vida Nova,, 2004, pág.185.
[4] Vd. BROWN, Colin. O Novo Dicionário Internacional de Teologia do Novo Testamento , São Paulo (SP), Edições Vida Nova, Pág. 265.

III
— O DESENVOLVIMENTO E SENTIDO DO SÁBADO NO ANTIGO TESTAMENTO —

"O homem foi feito para adorar todos os dias, mas o trabalho é eliminado no dia do Senhor para mostrar sua perspectiva no plano de Deus".

Clyde *Narramore*

3.1- A Criação – Sua Origem

Encontramos no relato bíblico de Gênesis 2 um pacto em que o criador fez com o homem no jardim, o que podemos entender por três mandatos: ***Mandato cultural***[5]; ***mandato social***[6] e ***mandato Espiritual***[7], logo tudo isto visava regulamentar na vida do homem o relacionamento com Deus e com os seus semelhantes.

O Shabbat desde sua origem tem uma função, expressando a relação da criatura com o seu Criador. Um principio que é fundamental, sendo que altamente expresso por Deus. [8]

3.2 - O SENTIDO DO DESCANSO

Ao criar todas as coisas, o relato bíblico nos dá conta que Deus "descansou" (Gn 2.3), esta é a primeira vez que shabbat, entendido como descanso aparece. Precisamos partir desta declaração para obtermos um conceito real do que é o descanso que tanto é referido no Antigo Testamento e no Novo Testamento.

---

[5] O homem deveria ter domínio sobre a terra, cultivando-a, desenvolvendo, participando e gozando no aspecto da vida.

[6] Por mandato social nós entendemos que Deus se dirigiu especificamente ao homem e a mulher e lhes disse que deveria viver junto, ser frutíferos e aumentar a população humana. O crescimento humano era necessário para que servos obedientes continuassem o mandato social. Hariet & Gerard Van Groningen, ***Família da Aliança***. São Paulo, 1998, Editora cultura Cristã. Pág. 175.

[7] É o relacionamento intimo, transcendente, que existe entre o homem e Deus, isso se da estritamente pessoal.

[8] *"Deus ordenou que o tempo deveria ser separado semanalmente para o exercício dos relacionamentos amorosos e comunhão intima pelos quais, o vinculo de vida e amor poderia ser sustentado e enriquecido"* Gerard Van Groningen. ***Criação e Consumação***. São Paulo (SP), Editora Cultura Cristã. 2002. Pág. 91 e 92

A expressão referente a Deus descansar é uma linguagem antropomórfica,[9] isto implica que Deus não é um homem que se sente exausto após um dia ou um período de trabalho, que logo depois careça de descanso, Van Groningen sobre afirma que *"O termo em si não significa ociosidade, inatividade completa. Significa parar de fazer alguma coisa, ficar livre da mesma. Humanamente falando, isso pode ser dito de Deus em relação à sua obra criadora"*[10]. Deus assim o faz a fim de que homem possa aprender sobre a necessidade de descanso sobre suas atividades diárias. O descanso de Deus "tinha de ser simbólico para o homem, não somente no seu ritmo de trabalho e cessação de labuta como também para suas esperanças eternas".[11]

Deus "tomou Alento", o que significa que *"o alento de Deus no sétimo dia foi um alento de alegria quando contemplou a beleza e a perfeição de tudo que ele havia feito"*[12]*, seu descanso foi feito em "contentamento pela realização completada."*[13]

Existe um contentamento por parte de Deus diante de sua criação, porém, este Deus não se ausentou no seu descanso, mas, sim contemplou tudo aquilo que ele havia criado, e jamais podemos entender que o termo "descanso" utilizado em Gênesis 2.3, como sendo uma plena inatividade de Deus, mas, sim a contemplação da obra criadora Sua. Quando Deus criou todas as coisas, Ele viu que tudo isto era bom.

Van Groningen diz afirma que, "o termo deve ser entendido como tendo um sentido geral de intervalo, um tempo entre outros, separado para propósitos religiosos específicos. Em suma, sábado significa um dia santo."[14] Os cristãos devem separar este dia para atividades consagradas a Deus, dedicando-se inteiramente a Ele.

3.3 - A CRIAÇÃO DO HOMEM

Na criação encontramos o homem feito com o fim de relaciona-se com o seu Criador e o glorifica-lo, porém, o homem rebelou-se contra seu Criador e a partir daí todas

---

[9] "*É uma atribuição de características humana a coisas ou seres não humanos*" Anthony Hoekema Criados à Imagem de Deus. São Paulo. Cultura Cristã. 1999, pág. 144.

[10] GRONINGEN. Gerard Van, ***O Sábado no Antigo Testamento: Tempo para o Senhor, Tempo de Alegria Nele***: In: **Fides Reformata,** 3/2 (1998), pág. 133

[11] Walter C. Kaiser, Jr. Teologia do Antigo Testamento. 2ª Edição. Edições Vida Nova. São Paulo (SP), 1999. pág. 79.

[12] Joseph A. Pipa. ***O dia do Senhor.*** São Paulo (SP) Editora Os puritanos. 2000, pág. 33.

[13] Fred Van Dyke, et. al., ***A Criação Redimida,*** São Paulo, Editora Cultura Cristã, 1999, p. 86.

[14] Gerard Van Groningen, ***O Sábado no Antigo Testamento: Tempo para o Senhor, Tempo de Alegria Nele***: In: **Fides Reformata,** 3/2 (1998), p. 156.

as proporções de seu ser foram se deteriorando, distanciando-se cada vez mais de Deus. Podemos dizer que "*o pecado trouxe como implicação à perda do aspecto ético da imagem de Deus. A nossa vontade, como agente de nosso Intelecto, agora, é oposta à vontade de Deus*".[15]

Diante, deste quadro, o único meio pelo qual o homem poderia voltar a relacionar-se com seu Criador, seria através da livre graça de Deus, sua exclusiva intervenção no relacionamento com o homem, logo podemos entender que Deus estabeleceria meios para tal relacionamento, estipulando padrões para a esta suposta nova "sociedade".

3.4 - A SANTIFICAÇÃO DO SÁBADO

O fato de Deus abençoar sétimo dia implica dizer que ele declarou sua benção sobre este dia separando com fins santos,ou seja, tudo aquilo que havia sido criado, recebeu a benção de Deus e fora santificado. A santificação do sábado indica que o Senhor da criação estabeleceu o modelo pelo qual Ele deve ser honrado como criador"[16].

Depois da queda, houve uma quebra do mandato Espiritual, um distanciamento, a perca da santidade, e esta como tal deveria ser restaurada devido ao processo redentivo de Deus. Daí, este dia tornou-se um dia especial para o povo de Deus, um princípio essencial para vida cristã, um sinal da Aliança perpétua entre Deus e nós. Um sinal de nossa santificação operada por Deus, assim como expressa o profeta Ezequiel, "*... lhes dei os meus sábados, para servirem de sinal entre mim e eles, para que soubessem que eu sou o Senhor que os santifica*" (Ez 20.12).

Joseph Pipa comenta que *"O propósito de Deus em abençoar o dia torna-se mais claro quando compreendemos o que significa o seu "santificar" do dia (...). da mesma forma que Deus separou certas coisas para seu uso e serviço especial"*[17]. O dia do sábado tornou-se uma oferta de Deus, como caráter santificador no homem, todas as suas ocupações e quaisquer afazeres dos outros seis dias deveriam ser empregado para os exercícios públicos e particulares a Deus.

---

[15] Hermisten Maia P. Costa, ***Breve Teologia da Evangelização***, ver na biblioteca , pág.18.
[16] O. Palmer Robertson. ***Cristo dos Pactos***. Campinas, São Paulo (SP). Editora luz para o caminho (LPC), 1ª Edição 1997, São Paulo (SP), pág. 63.
[17] Pipa. ***Op.cit***, p. 36.

Podemos afirmar que o dia do Senhor então é uma ordenança da criação, um convite para o homem regozijar-se com a criação de Deus e reconhecer a sua Soberania divina. Desde a criação, Deus já estabeleceu meios como um princípio sustentador na vida do homem, sendo a este de caráter essencial para sua vida.

3.5 - NO DESERTO – SINAL DA ALIANÇA

Em Êxodo 16 encontramos a providência Deus ao povo de Israel no deserto, com o maná, provendo o alimento diário, porém, havia ordem expressa para se pegar apenas àquilo que seria consumido no dia. Tal providência vinha acarretada com uma ordem expressada que deveria ser muito bem observado. No verso 23, diz: "*Amanhã é repouso, o santo sábado do Senhor; o que quiserdes cozer no forno, cozei-o, e o que quiserdes cozer em água, cozei em água; e tudo o que sobrar separai, guardando para amanhã seguinte",* Deus demonstra a importância deste dia para a santificação do homem. Separando este dia com um fim especifico.[18]

No decálogo em Êxodo 20 o mandamento expresso do Senhor através por meio de Moisés nos afirma que este dia deveria se lembrado como um dia para ser santificado, não apenas a guarda de um mero dia, não seria um descanso apenas do físico, mas todas as suas atividades deveriam ser voltadas para a santificação a Deus, o que implicava em *"apresentação de ofertas sacrificiais e a santa convocação"*,[19] ou seja um ato de culto a Deus.

No decálogo o sábado ocupa a ordenança do quarto mandamento, onde "*apela ao caráter relacionado à criação da estrutura do Sábado como a base de seus requisitos particulares*".[20]

A lei no Israel antigo funcionava como um paradigma a ser seguido, fornecendo uma gama inteira do que se do comportamento que se espera. *"Todas as leis de Israel*

---

[18] "As estipulações pactuais, isto é, comandos pactuais, ordenanças, regras e regulamentos eram parte integral do pacto de Yahweh com todos que precederam a Moises e Israel". Gerard Van Groningen. ***Criação e Consumação***. Pág. 372.

[19] John Frame. ***Em Espírito e em Verdade***. Editora CEP. Pág 42

[20] O. Palmer Robertson. ***Cristo dos Pactos***. pág. 63.

objetivaram ser um meio de bênção para o povo de Deus. No entanto, mencionam especificamente que guardá-las fornecerá uma bênção".[21]

O sábado deveria além de ser um meio de cumprimento a lei do Senhor, além disso, um meio de bênção a aqueles que a guardam. Na Bíblia existem leis temporárias, chamadas de leis positivas, compreendido como "*um mandado de Deus que não é moralmente necessário, ou seja, aquilo que foi ordenado não é, em si mesmo, certo ou errado*" [22] e também leis permanentes chamadas de leis morais, que é *"um mandamento que reflete a natureza moral de Deus e nosso relacionamento com ele e um com outro. Essas leis são absolutamente necessárias para o bem estar espiritual de quem leva a imagem de Deus"* [23]. Afirmamos então que a observância do sábado apontava como sendo uma obrigação eterna juntamente com outras leis.

O sábado como lei moral, se torna uma suposição intensa e prática integrando-se na lei moral de Deus, de modo que não podemos descartar aspectos cerimoniais dentro do mandamento do Senhor sobre o sábado, a adoração do sétimo dia, os sábados especiais e as festas.

A guardar do sábado fazia parte do dever moral do povo de Israel e o alcance deste mandamento se tornou tão importante e obrigatório que deveria ser estendido em alguns casos não como aspecto semanal, mas sim, anual como é exemplificado em êxodo 23.10-11, *"seis anos semearas a tua terra e recolherás os seus frutos; porém, no sétimo ano, a deixarás descansar e não cultivarás, para que os pobres do teu povo achem o que comer, e do sobejo comam os animais do campo. Assim farás com a tua vinha e com o teu olival".*

É importante ressaltar que este mandamento possui um aspecto duplo, onde o Senhor não apenas exige de seu povo o descanso, voltando a adoração a Ele, como também o trabalho semanal, o "*descanso significativo só pode ser experimentado pela criação no contexto de trabalho significativo*"[24].

---

[21] Gordon D. Fee & Douglas Stuart. Entendes o que lês? Editora vida nova. Pág. 150
[22] Pipa. ***Op.Cit.***. pág. 28.
[23] Pipa. ***Op.Cit.***. pág. 28.
[24] O. Palmer Robertson. ***Op.Cit***. pág. 72.

A lei demonstra a importância do descanso ao homem, a terra, ao seu gado, e todas as coisas relacionadas à criação da qual o homem é responsável como seu grande servo, levando-nos a ver um principio além de moral no relacionamento de Deus com sua criação, um aspecto do mandato cultural dado ao homem na criação.

Também vemos que o dia do Senhor pode ser encontrado no meio a festa dos pães amos. Mas, qual o sentido de se inserir um descanso solene em meio a festas? A resposta é simples, esta era feita para que o povo não se envolvesse demasiadamente com as festas, e se esquecesse do Shabbat, o dia do Senhor. Isto conotava exclusividade, não tirando a centralidade do Senhor na vida dos seus.

Em números 15.32-36, encontramos este dia deveria ser guardado com total respeito e zelo, acarretado com uma ordem expressa de morte para aquele o violasse. Talvez até mesmo indicando que certos tipos de pecados eram feitos de forma premeditada. "*Moisés estava mas Yahweh não; o violador foi apredejado até a morte*".[25]

Deuteronômio mostra o que podemos chamar de as últimas palavras de Moisés ao povo de Israel, fazendo assim a repetição da lei, porém é notório algumas modificações, não no seu todo, mas sim em sua guarda. No Êxodo Moisés enfatiza a observância do Sábado em relação a criação, porém em deteuronômio a observância recai sobre a questão do Senhor libertar o povo da escravidão do Egito.

Outra questão é quanto a escrita que em êxodo 20.8, começar com a expressão "lembra-te" e em deteuronômio "guarda", dando assim um sentido de uma guarda perpetua deste mandamento, não quanto ao dia, mas sim a dedicação a este dia do Senhor. Em suma o povo deveria lembra-se que já foram escravos, mas agora, porém, livres pelo Senhor, devendo assim guardar isto durante suas próximas gerações.

A RELAÇÃO DOS PROFETAS COM O DIA DO SENHOR

Podemos notar que existem diversas citações nas Sagradas Escrituras pronunciadas pelos profetas, onde estes proclamaram à nação de Israel o correto ensino, exortação, beneficio ou punição a respeito do Sábado. *"O sábado foi citado especificamente*

---

[25] Gerard Van Groningen. ***Op. Cit.*** Pág. 430

como um sinal entre Yahweh e seu povo",[26] ou seja, tais profetas *"consideraram a observação do Sábado como um teste para a vida pactual obediente e para adoração".*[27]

ISAÍAS

Encontramos em Isaías 58.13-14, o profeta expõe o formalismo sem vida do povo de Deus, que se aproximava de Deus com coração insincero e cheio de pecado, calcando aos pés. Ele designado para falar a um povo de lábios impuros que não ouvia e endurecia seu coração contra a mensagem. Ele devia proclamar como palavra do SENHOR (YHWH), que Judá seria destruído, um remanescente seria exilado, e que a casa real de Davi e a semente de Abraão não seriam completamente removidas.

Somos convidados pelo profeta Isaías a nos tornarmos reparadores "de brechas" e restauradores "de veredas", testemunhando aos outros das bênçãos que advêm de deixarmos de lado os nossos "próprios interesses" para nos deleitar "no Senhor (v.12). Ele sugere que devemos deixar de procurar o próprio prazer e sim" (chamarmos) ao sábado deleitoso, e o santo dia do Senhor, digno de honra."(v.13) onde devemos fazer coisas justas.

"Assim no Antigo Testamento ele santificou lugares, roupas, altares, e coisas do tipo para que pudessem ser dedicadas a cultuá-lo. Portanto, quando Deus faz um dia santo, ele o separa de seus usos normais cotidianos para os propósitos exclusivos da adoração. Quando ele separa o dia do sábado para a adoração, até aquelas coisas que se faz legitimamente nos outros dias da semana são proibidas, porque ele designou esse dia para a adoração". [28]

Em suma podemos na visão de Isaias que, o propósito do sábado não era de criar um emaranhado legalista que sufocava todo aquele que o guardasse, mas sim, libertar o povo de Deus, com o privilégio de O adorar e desfrutar de sua companhia, como principio essência para vida. As promessas contidas dos versículos 13-14, referentes ao sábado, foram feitas para o povo de Judá, e que vale também para a Igreja do Novo Testamento.

---

[26] Gerard Van Groningen. ***Op. Cit,*** Pág. 414
[27] Gerard Van Groningen. ***Op. Cit,*** Pág. 414
[28] Pipa. ***Op.Cit,*** p. 36.

JEREMIAS

Jeremias deveria colocasse às portas de Jerusalém e de lá pregar ao povo. Isto porque era pelas portas que o povo estava passando com suas cargas, fazendo seus negócios, profanando assim o sábado, Jeremias 17.19-27.

Ao exortar o povo jeremias fora ignorado, não deram ouvidos a suas palavras. diante disto o Senhor dá sentença a aquele povo, da qual os mandaria para o exílio, o que de fato aconteceu.

Van Groningen asevera que:

> *Jeremias parece sugerir uma justiça derivada de obras, mais especificamente a salvação pela guarda do sábado. O profeta fala em termos comuns à sua situação histórica, mas isso não esconde a ameaça de destruição espiritual em meio à convulsão e à ruína nacional e social.*
>
> *(...) Jeremias simplesmente toma uma parte em lugar do todo. Ele não descreve cada etapa que o povo da aliança deve cumprir para alcançar as promessas da aliança eterna revelada a Adão, Noé, Abraão e patriarcas posteriores. Todavia, um dos mandamentos da lei moral é utilizado para indicar todo o modo de vida da aliança. Por que Deus usa o sábado dessa maneira, através de Jeremias? Porque o sábado está relacionado de modo muito profundo com o vínculo pactual vivo que existe entre Deus e o seu povo. Esperamos ter tornado isso claro anteriormente. Neste momento, basta acentuar enfaticamente que a melhor maneira pela qual Jeremias poderia apresentar a vida positiva e redimida de fé e obediência seria pela alusão à guarda do dia no qual a doce comunhão com Deus devia ser repetidamente experimentada e usufruída."*[29]

---

[29] Gerard Van Groningen, ***Op. Cit.*** pág. 156

EZEQUIEL

Ezequiel viu-se profundamente envolvido nos problemas de suas gerações. Sua mensagem mostra-se especifica, pertinente e concentrada sobre as questões com que se defrontavam seus companheiros de exílio.

"Ezequiel lembra a Israel que a sua contínua transgressão do sábado no deserto foi um ato de profanação (Ez 20.13). Esse pecado é colocado em uma categoria especial em distinção a outras ordenanças. No capítulo 22.8, lemos sobre a queixa de Deus contra Israel no exílio: vocês desprezaram as minhas coisas santas e profanaram os meus sábados. Ezequiel afirma categoricamente que ao profanar o sábado de Deus Israel profanou a Deus entre as nações (22.26). Assim, a queixa de Deus contra Israel não foi pelo fato de que o povo transgrediu ocasionalmente um preceito, de que ele não observou rigidamente um detalhado sistema legal, mas pelo fato de que Israel recusou-se considerar como o Senhor havia se envolvido no ciclo do tempo de maneira que o seu povo pudesse ter comunhão com ele. Deus havia separado aquele tempo, santificando-o para o culto. Mas Israel transformou-o em um tempo comum, usou esse tempo para o seu proveito e prazer pessoal. Assim, Deus foi profanado"[30]

Deus mostra-se amoroso a seu povo, santificando-os, ensinando assim que a questão do dia do Senhor era de importância essencial para suas vidas.

DANIEL

Daniel nascera no reino de Judá, durante o reinando de Josias, e provavelmente ainda era adolescente quando foi levado para o cativeiro em 605 a.C.

Devemos ver que mesmo que Daniel não nos traga ensinos diretos sobre a questão do sábado, o seu capitulo 7 versículo 25 é freqüentemente utilizado pelos da doutrina sabatista afirmando que o sábado não deveria ser quebrado. Mas devemos mostra que a intenção de Daniel ao escrever este texto não se trata de uma referencia ao sábado, sendo que não pode ser utilizado como argumento pró-sábatico.

---

[30] Gerard Van Groningen, ***Op. Cit.*** pág. 156

Podemos nos primeiros capítulos do livro de Daniel como que uma autobiografia, narrando alguns episódios de especial importância acontecidos com ele e com seus amigos e com governantes da sua época.

A partir dos capítulos 7 em diante, há o que podemos chamar de mudança de ênfase, ao que trata mais especificamente de revelações e profecia. No capitulo 7 Daniel tem um sonho sobre quatro animais de diferentes modos e aspectos, imergiam do mar.

O que nos chama a atenção é que o verso 25 refere-se ao quarto rei. Então interpretar tempos e lei referido no versículo como sábado, é algo que esta totalmente fora, pois este ultimo rei afirmado no texto, era um rei tirano, que até mesmo ser interpretado como anticristo, que queria mudar o mundo ordenado, o que pode se relacionar muito ao poder de Roma que viria posteriormente do que esta relacionado ao sábado.

IV - O SÁBADO E O NOVO TESTAMENTO

Vejamos o desenvolvimento do sábado para o domingo, ou melhor, o que levou a transição do sétimo dia ao primeiro dia da semana. A transcrição do sábado para o domingo, ou seja, do sétimo dia para o primeiro dia da semana, deu-se por uma seqüência de diversos eventos.

Falando acerca do assunto supra citado Costa afirma que:

> *"A Igreja do Novo Testamento era primordialmente composta de judeus, os quais jamais mudariam a guarda do sábado – que era um sinal da aliança feita entre Deus e o povo (Ex 31.13; Ez 20.12,20)–, pelo domingo, se não tivesse um motivo bastante consistente e, mais ainda, se não estivessem convictos da aprovação divina. Deve ser mencionado que mesmo as Igrejas estando sempre com um grande número de judeus, em Atos e nas Epístolas, não encontramos nenhuma discussão ou mesmo menção de problemas relacionados à substituição gradual do sábado pelo domingo"*[31]

A passagem do Sábado para o domingo, não se deu por acaso ou por invenção humana, mas sim como já afirmamos por uma serie de eventos, dentre os quais podemos citar:

1. **Jesus Cristo Ressuscitou no primeiro dia da Semana:** Com base no texto de Almeida, a tradução mais precisa de Mateus 28.1 é "No findar do Sábado...". Cristo entrou nos eu descanso no primeiro dia da semana nos encorajar a também iniciar uma semana descansando, ".

2. **Jesus Apareceu aos seus discípulos reunidos no Primeiro dia da Semana:** Em João 20.10; 14 e 19; Lucas 24.13, trata da primeira aparição de Jesus a seus discípulos, reunidos no primeiro dia da semana, também a Maria e a dois discípulos na estrada de Emaús. Diante destes fatos realizados no primeiro dia da Semana , serviu após a ressurreição de Cristo como um paradigma para as reuniões dos discípulos.

3. **Uma semana depois, Jesus apareceu novamente aos discípulos reunidos no primeiro dia da semana:** No evangelho de João 20.26, vemos a ex-

---

[31] Hermisten M. P. Costa. ***Op. Cit***, Pág. 74.

pressão "Oito dias depois", pode significar o domingo seguinte, dando-nos a idéia de que seus discípulos estavam reunidos, com a ausência do cético Tomé.

4. **O Senhor Ressuscitado derramou seu Espírito exatamente após cinqüenta dias:** Em Atos 2.1 o Espírito Santo foi derramado, sendo este o primeiro dia da semana. Servindo assim de padrão referente à adoração coletiva.

5. **Paulo Pregava o Evangelho, e o Primeiro dia era utilizado como ocasião desta reunião:** Atos 20.7-12. Na Grécia, Paulo e Lucas reuniram-se com povo de Deus, a fim de partirem o Pão e ouvirem a pregação da Palavra de Deus. Até mesmo a viagem de Paulo fora deixada para um outro dia, tamanha a importância deste dia.

6. **Paulo designa o primeiro dia da semana para entrega de Ofertas:** 1Corintios 16.1, consta que este deveriam consagrar suas ofertas ao Senhor. Esta é uma evidencia de que a Igreja apostólica tinha compromisso do culto no primeiro dia da semana.

7. **A Aliança do Velho Testamento refletida sobre o Novo Testamento:**

   a) O povo de Deus representava através da circuncisão a aliança que mantinha com, o que podemos observar que no Novo Testamento este sinal foi substituído pelo batismo.

   b) O sinal da páscoa representado no Antigo Testamento era a imolação do cordeiro, sendo este substituído pelo sacrifício de Cristo, como cordeiro sem mácula.

Possuímos então diversos fatores que favoreceram a mudança do Sábado para o Domingo.

A RELAÇÃO DE JESUS COM O SÁBADO

Podemos ver relatado em Lucas 6.1-5, também relatado Mateus 12.1-8 e Marcos 2.23-28, um conflito entre Jesus e os fariseus. Nosso Senhor salientou diante dos judeus o fato que eles mal entendiam os mandamentos do antigo testamento, onde ele questiona a falta de conhecimento destes.

Estes fariseus liam a Torah, contudo, não consideravam alguns fatos. Jesus confronta como se perguntasse aos que mais deveriam conhecer as Escrituras. Hendriksen consoante a isto afirma que "estes homens por causa do legalismo excessivamente minucioso, esses homens estavam constantemente sepultando a lei Deus debaixo do pesado fardo de suas tradições".[32]

Não era errado comer no sábado, ainda que o alimento tivesse de ser obtido ao debulhar o grão da espiga nas mãos. Mas a grande problemática girava em torno da quebra do sábado, dia este separado para não se praticar nenhuma atividade que se praticava nos outros dias.

Jesus sendo acusado de quebrar um mandamento expresso pelo Senhor. Mas estaria Ele realmente quebrando uma ordenança? E se quebrou porque Ele o fizera, qual o seu intuito?

Jesus observou o sábado de forma completa. Em diversos textos dos evangelhos (Marcos 1.21; 3.1,2; 6.2; Lucas 4.16,31; 13.10; 14.1), Jesus tinha o costume de ir à sinagoga aos sábados. Não consta que ele tivesse ido em qualquer outro dia.

Sendo Ele Senhor do Sábado sua observância estava de conformidade com a prescrição da Antigo Testamento no referente ao dia como santo ao Senhor.

Alguns podem até pensar que Jesus anulou o sábado, mas quando olhamos com cuidado, vemos que não é bem assim. Cristo ensinou seis vezes sobre o sábado, o que é claramente encontrado em (Mt. 12.1-8; 9.14; Lc13.10-17; 14.1-6; Jo 5.1-18; 9.1-7,14,16). Enquanto só em uma ocasião sobre o assassínio e três vezes sobre o casamento.

Costa afirma que:

> *"Em parte, esses confrontos ocorreram, porque os judeus "ortodoxos" (palestinianos), desenvolveram através dos anos, uma sé-*

---

[32] William Hendriksen. Comentário do Novo Testamento – Mateus. Vol II. Editora Cultura Cristã. São Paulo, 2001. pág. 12.

rie interminável de regulamentações a respeito do sábado, especificando detalhadamente o que poderia ou não ser feito no sábado. Desde modo, as tradições sobrepostas, adquiriram um status de lei, esquecendo-se aos poucos o sentido da Lei estabelecida por Deus. Jesus, como Ele mesmo nos ensina, não veio quebrar a Lei mas, cumpri-la (Mt 5.17)"[33]

Na interpretação de Jesus Cristo está implícita, mas não expresso em muitas palavras, uma condenação da falsa interpretação que os rabinos haviam imposto sobre este mandamento, e que nos dias da peregrinação terrena de Cristo ela era amplamente propagada [34] pelos escribas e fariseus. Hendriksen assevera que eles ou desconsideravam completamente ou não davam muito espaço em seu ensino às verdades que sumariam o ensino de Cristo – 3.4 – a necessidade não conhece nenhuma lei; 5.6 - toda regra tem sua exceção; 7 e 11 – é sempre certo demonstrar misericórdia; Marcos 2.27 – o sábado foi instituído por causa do homem, e não vice-versa; e Mateus 12.8; cf. v.6 – o Soberano administrador de tudo, inclusive do sábado, é o filho do homem.

Os discípulos não estavam quebrando nenhuma lei do sábado do Antigo Testamento. Estavam quebrando só as leis de criação humana dos judeus, tais fariseus, autonomeados guardiões da lei de Deus e particularmente do Sábado, inventaram centenas de leis para conservar as pessoas distantes da quebra do mandamento. No livro dessas leis, o Talmude, dedicaram 24 capítulos ao sábado. Fizeram a relação de careca de 40 ocupações, com subdivisões múltiplas, cujas atividades não poderiam ser praticadas no sábado.

O argumento de Jesus é um fato histórico registrado em 1Samuel 21.1-6, onde Davi e seus homens outro pão com o sacerdotes, a não ser os pães da proposição, que providencialmente seriam trocados naqueles dia, do sábado, por outros pães novos. A cada sábado esses pães eram trocados por pães frescos. Os pães velhos eram comidos pelos sacerdotes, como exemplificado em êxodo 25.30. Não havia nos pães "poder" algum, nem "espiritualidade" alguma. Os pães já estavam com 7 dias e deveriam ser trocados.

---

[33] Hermisten M. P. Costa. *Op. Cit*. Pág. 107.
[34] William Hendriksen. *Op.Cit.* pág. 13.

O sacerdote não violou lei, antes cumpriu a lei regia do amor ao próximo. O que Davi fez ao comer o pão consagrado era certo e necessário, quer fosse feito no sábado ou em qualquer outro dia da semana.

Os discípulos de Jesus não fariam aquilo todos os sábados seguidos, foi uma ocasião de necessidade. Ficar com fome, isso sim seria uma tolice, um grande legalismo que os fariseus estavam fartos de cumprir.

O segundo argumento de Jesus, foi números 28.9-10. os sacerdotes não somente tinham de trabalhar no sábado, mas na verdade esse era para eles o dia de trabalho mais intenso. Eles ofereciam sacrifício duplo no sábado e davam continuidade a todos os outros trabalhos ligados ao funcionamento do templo: colocar em ordem as lâmpadas sagradas, mudar o pão da proposição e realizar todos os outros rituais diários. embora no tabernáculo e no templo, os sacerdotes não violaram a lei do sábado porque o trabalho deles era necessário para que o povo pudesse cultuar.

O que ocorre em tal caso é que uma lei superior, que exige que tudo seja feito para possibilitar a realização do culto divino, modifica e restringe a interpretação literal da ordenança relativa ao dia de repouso.

No sábado é permitido tudo que for necessário para possibilitar a reunião para adoração, edificação e comunhão do povo de Deus.

Jesus conclui citando Oséias 6.6. Na época de Oséias o povo estava sendo destruído e a causa era a falta de conhecimento (Os.6.10). É como se Jesus cristo estivesse colocando os fariseus na mesma posição dos israelitas daquela época de trevas espirituais, onde havia abuso de poder, legalismo, injustiça social e condenação dos inocentes.

Entre os Pais da Igreja

Podemos dizer que muitos dos pais da Igreja viam o sábado judaico como sendo parte da servidão da lei mosaica. Mas qual era realmente o entendimento de muito dos pais da Igreja. Vejamos abaixo parte deste entendimento quanto ao dia do Senhor.

Justino, o Mártir (100-167d.C.) afirma que:

> *"No Domingo há uma reunião de todos que moram nas cidades e vilas, lê-se um trecho das memórias dos Apóstolos e dos escritos dos profetas, tanto quanto o tempo permita. Termina a leitura, o presidente, num discurso, admoesta e exorta à obediência dessas nobres palavras. Depois disso, todos nos levantamos e fazemos uma oração comum. Finda a oração, como descrevemos antes, pão e vinho (suco de uva) e ação de graças por eles de acordo com a sua capacidade, e a congregação responde, Amém. Depois os elementos consagrados são distribuídos a cada um e todos participam deles, e são levados pelos diáconos às casas dos ausentes. Os ricos e os de boa vontade contribuem conforme seu livre arbítrio; esta coleta é entregue ao presidente (pastor) que, com ela, atende a órfãos, viúvas, prisioneiros, estrangeiros e todos quantos estão em necessidade"*[35]

Tertuliano (160-230 d.C.) expressa-se dizendo que:

> *"portanto, visto ser manifesto que um sábado temporal foi mostrado, e um sábado eterno predito; uma circuncisão carnal predita, e um sábado eterno predito e uma circuncisão espiritual pré-indicada; ....E, de fato, primeiro precisamos indagar se é esperado um doador da nova lei, e um herdeiro do Novo Testamento, e um sacerdote dos novos sacrifício; e um purificador da nova circuncisão, e um guardador do sábado eterno, para suprimir a velha lei*". [36]

Vemos também Eusébio (264-340 d.C), bispo de Cesáreia, historiador da Igreja, viveu e foi preso durante a perseguição de Diocleciano contra os cristãos, a qual foi o último e desesperado esforço de Roma por varrer da terra o cristianismo, expressa-se a respeito da guarda do Sábado dizendo:

---

[35] Henry H. Halley. ***Manual Bíblico***. Edições Vida Nova, 5ª Edição 1983, São Paulo (SP), pág.676.
[36] Apud Joseph A. Pipa, ***O Dia do Senhor. Pág. 140***

> *"Eles, portanto, não consideravam a circuncisão, nem observavam o Sábado, como também nós; nem nos abstemos de certos alimentos, nem consideramos outras imposições que Moisés subseqüentemente entregou para serem observadas em tipos e símbolos, porque tais coisas não dizem respeito aos cristãos(...). Também celebravam os dias do Senhor como nós, para comemorar a sua ressurreição"* [37]

Orígenes (185-254 d.C) assevera acerca deste dia dizendo que:

> *"Deixando a observância judaica do sábado, vejamos como o Sábado deveria ser observado por um cristão...No dia do sábado, deve-se abster de todo prazer mundano. Se você cessar, portanto, de toda obra secular, mas se entregar a exercícios espirituais, ir à igreja..., cuidar de leitura sacra, pensar em coisas celestiais, solicito quanto ao futuro, colocando o julgamento vindouro diante de seus olhos, não olhando para coisas presentes e visíveis, mas para aquelas que são futuras e invisíveis, esta é a observância do sábado cristão"*[38]

Crisóstomo afirma que:

> *"Pois não devemos, logo que nos retiramos da comunhão, nos imergir em afazeres...inadequados à comunhão, mas logo que chegarmos em casa devemos pegar nossa bíblia e chamar nossa esposa e filhos para juntos somarmos o que ouvimos, e então, e não antes, nos ocuparmos com as atividades da vida"*[39]

Podemos concluir diante das afirmações de alguns pais da Igreja que o Dia do Senhor era usado para caridade, disciplina da Igreja e atividades inteiramente voltada a Deus.

---

[37] Eusébio. ***História da Igreja***, século III. Ed. CPAD 1999. Pág 27 e 106.
[38] Apud Joseph A. Pipa, ***O Dia do Senhor.* Pág. 144.**
[39] Pipa. *Op. Cit* pág. 145

A Igreja primitiva acreditava que o dia dedicado ao Senhor e descanso haviam sido mudado para o primeiro dia, considerando este dia como o sábado do Senhor. Onde deveria ser inteiramente dedicado ao ensino, culto e socorro dos necessitados.

V - O DIA DO SENHOR NA VISÃO DOS REFORMADORES

O ensino dos primeiros reformadores sobre o dia do Senhor e sua relação com o sábado é uma teia emaranhada. Muitos se apresentam em apontar que os primeiros reformadores repudiavam o sábado e o princípio de um dia em sete como judaístico.[40]

A Reforma sendo um marco na história do cristianismo nos têm até os dias de hoje nos ensinado muito e como tal, o dia do Senhor deve também seu lugar proeminente neste.

---

[40] Pipa. ***Op. Cit*, pág. 150**

Martinho Lutero

Lutero entendia que era somente os apóstolos que possuíam autoridade suficiente para que pudessem mudar o dia do Senhor. Para ele os apóstolos mudaram o Sábado para o Domingo, como nenhuma outra pessoa ousaria fazer.

Para ele o sábado possuía obrigações perpetuas e universais. Onde sua observância deveria ser conservada. Ele ensinará a Patrick Fairbairn que o verdadeiro dia a ser guardado seria o primeiro dia.

> *"Embora o sábado seja agora abolido e a consciência esteja livre dele, ainda é bom, e até necessário, que os homens observem um dia certo da semana por amor à palavra de Deus, a qual devem meditar, ouvir e aprender, pois nem todas as pessoas podem ter domínio sobre todos os dias; e a natureza também requer que um dia da semana seja mantido quieto, sem trabalho, quer para o homem ou animal"*[41]

Calvino

Talvez não exista melhor lugar para se afirmar o pensamento de Calvino as mais diversas questões teológicas, seja em seu tratado sobre a religião cristã.

Ele afirma que "*a observância de um dia dentre cada sete (...) o Senhor a recomendou com seu próprio exemplo. Pois é de não apouca valia acendrar o zelo do homem que sabia que está a trilhar à imitação do Criador*"[42].

Num outro lugar Calvino comenta que:

> "O sábado deve ser para nós uma torre no alto da qual devemos subir para contemplar de longe as obras de Deus, quando não estamos ocupados nem impedidos por outra coisa de estender todas as nossas faculdades e considerações dos dons e graça que ele nos concedeu. E se atendermos a isso apropriadamente no Sába-

---

[41] Pipa. ***Op. Cit*, pág. 150-151.**

[42] Apud. Hermisten Costa. ***Calvino de A a Z***. Editora vida, São Paulo. 1ª Edição 2006, pág. 102.

do, é certo que não nos será estranho repetir isso durante o restante de nosso tempo".[43]

Os Puritanos

Estes fizeram uma distinção de lei moral e positiva, com o intuito de demonstrar que a exigência moral do quarto mandamento era de ser observada em dia completo em sete como o sábado. Eles afirmam acertadamente que antes de Cristo este dia era observado como sétimo, porém depois passando a ser o primeiro.

Em suma para os puritanos a guarda do dia do Senhor deveria ser feito o dia inteiro, sendo celebrada como santo ao Senhor, tanto em publico quanto em particular. Uma maneira que se poder recupera melhor quão seria o posicionamento quanto ao dia do Senhor, se encontra na Confissão de Fé de Westminster, onde se reuniram na Abadia de Westminster, composta por cento e vinte clérigos, e também os seus melhores teólogos, mais dez membros da Casa dos Lordes, vinte da Casa dos Comuns e oito representantes puritanos ou puritarizados da Escócia, sem direito a voto onde diz que:

> *"Como é lei da natureza que, em geral, uma devida proporção do tempo seja destinada ao culto de Deus, assim também em sua palavra, por um preceito positivo, moral e perpétuo, preceito que obriga a todos os homens em todos os tempos, Deus designou particularmente um dia em sete para ser um sábado (descanso) santificado por ele; desde o princípio do mundo, até a ressurreição de Cristo, esse dia foi o último da semana; desde a ressurreição de Cristo foi mudado para o primeiro dia da semana, dia que na Escritura é chamado Domingo, ou Dia do Senhor, e que há de continuar até ao fim do mundo como o sábado cristão".*[44]

Os Catecismos

❖ **Confissão de fé Batista de 1689**

Capítulo XXII - Adoração Religiosa e o Dia do Senhor

7 Por instituição divina, é uma lei universal da natureza que uma proporção de tempo seja separada para a adoração a Deus. Por isso, em sua Palavra - através de

[43] John Calvin. ***Sermons on Deuteronomy***. The Banner of Truth Trust. Murray field Road. Edinburgh, 1987, pág. 205.
[44] Confissão de Fé de Westminster, Editora Cultura Cristã (CEP), São Paulo (sp), 2001, pág. 177

um mandamento explícito, perpétuo e moral, válido para todos os homens, em todas as eras - Deus determinou que um dia em cada sete lhe seja santificado,28 como dia de descanso. Desde o começo do mundo, até a ressurreição de Cristo, esse dia era o último dia da semana; e, desde a ressurreição de Cristo, foi mudado para o primeiro dia da semana, que é chamado 'Dia do Senhor". A guarda desse dia como sábado cristão deve continuar até o fim do mundo, pois foi abolida a observância do último dia da semana.

- **Confissão de Fé de New Hampshire**

Primeira Confissão de Londres 1644 (Inglaterra) e Segunda Confissão de Londres 1833 (EUA).

"Cremos que o primeiro dia da semana é o dia do Senhor, ou o sábado cristão; e deve ser mantido sagrado para propósitos religiosos, pela abstenção de todo o labor secular e recreações pecaminosas; pela observância devota de todos os meios de graça, tanto privado quanto público, e pela preparação para aquele repouso que restara para o descanso do povo de Deus."

- **Catecismo Maior de Westminster**

  Catecismo Menor de Westminster

Pergunta 116. Que se exige no quarto mandamento?

Trataremos posteriormente, deste catecismo, quando tratarmos da Igreja presbiteriana e o sábado.

- **O Catecismo de Heidelberg**

P. 103. Que é que Deus requer no quarto mandamento?

"Primeiro, que o ministério do Evangelho e a educação cristã sejam mantidos e que eu freqüente diligentemente a igreja, especialmente no dia do Senhor, para ouvir a Palavra de Deus, para participar dos santos Sacramentos, para invocar publicamente o Senhor e para prestar serviço cristão aos que estiverem em necessidade. Segundo, que eu cesse a prática de minhas obras más todos os dias de minha vida, permita que o Senhor opere em mim pelo seu Espírito, e assim. Comece nesta vida o descanso eterno."

- **A Confissão de Fé Westminster**

A Confissão afirma que:

> "*Este Sábado é, pois, santificado ao Senhor quando os homens, tendo devidamente preparado seus corações, e de antemão ordenado seus afazeres comuns, não só observam, todos os dias, um santo repouso de suas próprias obras, palavras e pensamentos acerca de seus empreendimentos e recreações seculares, mas também ocupam todo o tempo nos exercícios públicos e particulares de seu culto, bem como nos deveres de necessidade e misericórdia*".[45]

Sumariando podemos afirma mediante aos catecismos e confissões que este dia é um Dia essencial para nossas vidas, devemos nos dedicar a ele, devemos trazer a memória este dia e que seja um dia de celebração pela vida que temos em Deus. A guarda do dia do Senhor deve ser entendida como uma lembrança do descanso que Cristo veio trazer aos que são salvos por Ele.

Santificamos o sábado quando usamos para comunhão com Deus. A medida em que descansamos em Cristo, podemos contemplar a beleza dos atributos de Deus e a Grandeza de Sua obra, Ele nos abençoa com o refrigério e nós celebramos a sua mesa.

O diretório de Culto de Westminster tratando acerca do dia do Senhor diz :

> "*Que o tempo livre entre reuniões, ou após reuniões publicas solenes da Igreja, seja passado em leitura, meditação, repetição dos sermões e catequizando-os; em conversas santas, oração pedindo bênção sobre as Ordenanças Publicas, cânticos de salmos, visitas aos enfermos, assistência aos pobres e tais obrigações de piedade,*

---

[45] Confissão de Fé de Westminster, *Op. Cit.* pág. 178 e179.

caridade e misericórdia, considerando-se o sábado como um deleite". [46]

VI - REFUTAÇÕES DOS ARGUMENTOS DOS SABATISTAS QUANTO A GUARDA DO SÁBADO

Antes argumentarmos contra os ensinos heréticos dos sabatistas, se faz necessário conhece um pouco de sua origem.

O termo "adventista" decorre de uma doutrina fundamentada sobre a espera da volta de Cristo a terra para proclamar o "fim dos tempos". O movimento surgiu nos Estados Unidos com a pregação de um batista, William Miller (1792-1849), que havia profetizado que Jesus viria entre 1843-44. A profecia não se realizou e os seguidores de Miller dividiram-se em vários grupos, sendo que o mais importante assumiu a denominação de "adventistas do sétimo dia".

Por um quarto de século, Miller proclamou a mensagem para classes especiais a cristãos de diferentes Igrejas. O interesse dos crentes em relação à mensagem era crescente e o número deles ia de cinqüenta a cem mil pessoas preparando-se para o fim do mundo. Muito crentes doaram suas lavouras, e se prepararam para receber o Senhor no dia 21 de março de l843. Chegou o dia e o evento esperado não aconteceu.. Miller revisou os seus cálculos, descobriu um erro de um ano. Devia ser no dia 21 de março de l844. Ao chegar essa data, nada aconteceu. Uma vez mais um novo cálculo indicou que seria o dia 22 de outubro de mesmo ano. Porém essa previsão também falou.

O dia depois "da grande desilusão", Hiram Edson um fervoroso discípulo e amigo pessoal de Miller, teve uma "revelação". Nela compreendeu que Miller não estava equivocado em relação à data, mas sim em relação ao local. Disse que Cristo havia entrado no dia anterior no santuário celestial, não no terrenal, para fazer uma obra de purifica-

---

[46] **Westminster, *O diretório de Culto*.** São Paulo: Edições Puritanos, pág. 51

ção ali. Edson partilhou com outros membros de seu grupo as "boas-novas". Outros dois grupos se uniram a essa nova revelação: um dirigido por Joseph Bates que dava ênfase a guarda do Sábado e outro dirigido por Hellen G. White, que dava ênfase aos dons do Espírito.

As revelações de Helen White tiveram muito que com a formação das doutrinas dos adventistas, e seus escritos prolíficos contribuíram grandemente para a expansão da Igreja. Ela e seu esposo disseminaram amplamente seus ensinos proféticos e doutrinários por meio de revistas e livros. Embora a Igreja adventista afirme que a Bíblia é sua autoridade doutrinária, ainda crê que Deus inspirou Helen White em sua interpretação das Escrituras e em seus conselhos, conforme se encontram em seus livros.

As Doutrinas do Adventismo

Os sabatistas misturam algumas verdades com seus abundantes erros, daí poder enganar aos que com sinceridade se lançam em busca da verdade. Normalmente, citam a Bíblia, porém sem o cuidado de examinar o contexto. Embora muitas de suas doutrinas sejam ortodoxas, existem outras que desviam o crente do caminho real. Convém que os membros das Igrejas evangélicas conheçam essas doutrinas e saibam como refutá-las, tendo em vista que eles também se dedicam ao proselitismo entre as Igrejas Evangélicas.

- **A expiação incompleta**: Os adventistas ensinam que Jesus entrou no santuário celestial no ano de 1844, e agora está cumprindo a obra de expiação. Esta doutrina a expiação incompleta e contínua é uma tergiversação das Escrituras num esforço para justificar as previsões errôneas de Miller.
- **Nossos pecados lançados sobre Satanás**: Os adventistas ensinam que o bode emissário (ou bode para azazel) de Levíticos 16.22,26 simboliza Satanás. Todas as nossas iniqüidades serão carregadas pelo diabo. Segundo eles durante o milênio, Satanás, levará sobre si a culpa dos pecados que fez o povo de Deus cometer, e será confinado e esta terra desolada e sem habitantes.
- **O Sono da Alma**: Os adventistas ensinam que as almas dos justos dormem até a ressurreição e o juízo final. Este "sono da alma" é um estado de silên-

cio, inatividade e inteira inconsciência" . Baseiam esta crença principalmente em Eclesiastes 9.5, que diz: "Os mortos não sabem coisa nenhuma".

- ❖ **A aniquilação de Satanás e dos maus**: Os adventistas ensinam que Satanás seus demônios, e todos os maus serão aniquilados, completamente destruídos. A Senhora White diz que a teoria do castigo eterno é "uma das doutrinas falsas que constituem o vinho das abominações da Babilônia".
- ❖ **A observância obrigatória do Sábado:** Os adventistas ensinam que os cristãos devem observar o Sábado como o dia de repouso, e não o Domingo. Crêem que os que guardam o Domingo aceitarão a "marca da besta". A senhora White ensina que a observância do Sábado é o selo de Deus. O selo do Anticristo será o oposto a isto, ou seja, a observância do Domingo.

Os adventistas no desejo de defender o sábado judaico em lesão do domingo se valem de argumentos um tanto quanto sagaz e desonestos, apelam para a história com o fim de angariar apoio para suas teorias, porém, acaba se tornando um grande engano.

Muitos destes adventistas chegam a ponto de distorcer fatos importantíssimos da história, levando-os a perder seu significado por completo. Muitas de suas acusações baseiam-se apenas em conjecturas. Afirmam que os pagãos possuíam o primeiro dia da semana como dia do sol, dedicado ao deus mitra, bem como suposta apostasia da igreja já é prova mais que suficiente para eles de que o domingo que os cristãos tem hoje como dia de descanso dedicado a adoração a Deus, mediante o intermédio de Cristo, nada mais é do uma prática pagã cristianizada pela igreja romana. Este declaram como maldito o domingo como dia do Senhor, por estarem adorando a um Deus num dia espúrio.

Vejamos então alguns argumentos dos sabaticos e suas contradições:

a) **O culto pagão ao Deus Sol** – os sabatistas afirmam que a igreja apóstata da época primitiva emprestou doa pagãos o costume e deu prosseguimento ao protestantismo. Eles afirmam que o domingo sempre um dia considerado pagão. **Refutação** – o significado real da palavra domingo, este dizem que o domingo é um culto ao deus Sol, baseando-se na tradução inglesa “sunday” (dia do Sol). Refutamos afirmando que a palavra domingo vem do latim “dies dominicu” (dia do Senhor ou dia do que domina), sendo assim dizer que o domingo é um culto a um Deus só apenas pela expressão da palavra é um erro inconcebível.

b) **Interpretação do Selo de 144 mil** – os sabatistas afirmam que o texto de apocalipse 7 como sendo a adoração do sétimo dia, e vêem da profecia encontrada em Daniel 7.25 como sendo uma profecia apóstata mudaria o dia, do Sétimo ao primeiro dia da semana. **Refutação** – ao tomar as profecias de Daniel fora de contexto é querer força-la ao tema do sábado. Quando olhamos para o texto Gênesis 2, podemos observar que a ênfase não recai sobre o sétimo dia, e sim, sobre o dia de descanso. Deus separou um dia em sete, e Ele separou para Seu uso exclusivo.

c) **As profecias de Ellen G. White** – segundo os sabatistas as profecias da Sra. White têm autoridade divina e têm precedência sobre a prática apostólica, considerando-os como inspirados por Deus. **Refutação** – Segundo as Escrituras, acerca do ensino do Sábado, afirmando que este foi revogado.

Poderíamos fica tempos e tempos argumentando contra os ensinos heréticos dos sabatistas, mas, nosso foco não esta em simplesmente discutir com a seita sabatistas, mas contribuir para o desenvolvimento do que julgamos ser essencial para vida cristã.

VII - A IGREJA PRESBITERIANA E O DIA DO SENHOR

Nos presbiterianos temos origem nas reformas levantadas na Suíça, na França e na Escócia. No entanto, as raízes históricas dessa igreja podem ser traçadas diretamente de volta a João Calvino.

O supremo concilio, órgão máximo da IPB, se pronuncia a respeito do dia do Senhor através da sua comissão executiva. No ano de 2004 um documento, procedente do Sínodo Piratininga, documento número 37, traça para nós um panorama da sua relação com o dia do Senhor.

Resoluções do SC IPB CE-SC/IPB-2004 - DOC. XLII - Referente ao Documento número 037, procedente do Sínodo Piratininga: Reencaminhando as consultas dos Docs. CE-SC 03-014, CE-SC-03-191 e CE-SC-02 porque não atendeu as consultas e / ou resoluções deste Sínodo. A Comissão Executiva do Supremo Concílio, **RESOLVE**: 1) Tomar Conhecimento; 2) Considerar: I.

As resoluções do **SC-78-032 – Sínodo Meridional - Pedido de advertência aos Presbitérios quanto à guarda do dia do Senhor - Doc. CI** - Quanto ao **Doc. 40** - pedido de advertência aos Presbitérios quanto à guarda do dia do Senhor - O Supremo Concílio resolve: Recomendar aos Presbitérios e aos ministros da Igreja Presbiteriana do Brasil que cumpram os dispositivos da Constituição da Igreja e dos Princípios de Liturgia sobre a guarda do dia do Senhor **SC-78-045 - Sínodo de Sorocaba – solicitação para observância e guarda do domingo - Doc. XCVIII** - Quanto ao Doc. 50 - proposta referente à guarda do domingo - o Supremo Concílio resolve: Determinar que a Igreja Presbiteriana do Brasil, por seu representante legal, promova as necessárias gestões, junto às autoridades competentes no sentido de garantir a observância e a guarda do domingo, como dia do Senhor pelos cristãos evitando escalas de exames escolares, concursos e outros atos administrativos nesse dia.

CE-92-088 - Doc. LXV - Quanto ao **Doc. 86** - Do Presbitério de São Carlos, sobre recepção de membro que seja "profissional esportista". Considerando que: **1**) É dever de todos lembrar-se do Dia do Senhor, preparando- se de antemão para sua guarda. **2**) Tratar-se de um profissional, regularmente exercendo sua profissão, da qual extrai seu sustento, sem depor contra a ética cristã; a CE-SC/IPB resolve: Recomendar que seja recebido ressaltando que seja observado o que preceituam os artigos 1º e 4º dos **PRINCÍPIOS DE LITURGIA - CAPÍTULO I - O DIA DO SENHOR.**

> **Art. 1º** - É dever de todos os homens lembrar-se do dia do Senhor (Domingo) e preparar-se com antecedência para guardá-lo. Todos os negócios temporais devem ser postos de parte e ordenados de tal sorte que não os impeçam de santificar o Domingo pelo modo requerido nas Sagradas Escrituras.
>
> **Art. 2º** - Deve-se consagrar esse dia inteiramente ao Senhor, empregando- o em exercícios espirituais, públicos e particulares. É necessário, portanto, que

haja, em todo esse dia, santo repouso de todos os trabalhos que não sejam de absoluta necessidade, abstenção de todas as recreações e outras coisas que, lícitas em outros dias, são impróprias do dia do Senhor.

Art. 3º - Os crentes como indivíduos ou famílias, devem ordenar de tal sorte seus negócios ou trabalhos que não sejam impedidos de santificar convenientemente o Domingo e tomar parte no culto público.

Art. 4º - Conselhos e Pastores devem mostrar-se atentos e zelar cuidadosamente para que o Dia do Senhor seja santificado pelo indivíduo, pela família e pela comunidade. II.

O que determina os **símbolos de Fé da IPB *na Confissão de Fé*** Capítulo XXI – **DO CULTO RELIGIOSO E DO DOMINGO**

VII. Como é lei da natureza que, em geral, uma devida proporção do tempo seja destinada ao culto de Deus, assim também em sua palavra, por um preceito positivo, moral e perpétuo, preceito que obriga a todos os homens em todos os séculos, Deus designou particularmente um dia em sete para ser um sábado (descanso) santificado por Ele; desde o princípio do mundo,até a ressurreição de Cristo, esse dia foi o último da semana; e desde a ressurreição de Cristo foi mudado para o primeiro dia da semana, dia que na Escritura é chamado Domingo, ou dia do Senhor, e que há de continuar até ao fim do mundo como o sábado cristão. Ref. Exo. 20:8- 11; Gen. 2:3; I Cor. 16:1-2; At. 20:7; Apoc.1:10; Mat. 5: 17-18.

VIII. Este sábado é santificado ao Senhor quando os homens, tendo devidamente preparado os seus corações e de antemão ordenado os seus negócios ordinários, não só guardam, durante todo o dia, um santo descanso das suas próprias obras, palavras e pensamentos a respeito dos seus empregos seculares e das suas recreações, mas também ocupam todo o tempo em exercícios públicos e particulares de culto e nos deveres de necessidade e misericórdia. Ref. Exo. 16:23-26,29:30, e 31:15-16; Isa.58:13.

***Catecismo Maior*:**

• P. 115. Qual é o quarto mandamento?

R. O quarto mandamento é: "Lembra-te de santificar o dia de Sábado (descanso). Trabalharás seis dias e farás neles tudo o que tens para Jazer. O sétimo dia, porém, é o Sábado do Senhor teu Deus. Não farás nesse dia obra alguma, nem tu, nem teu filho, nem tua filha, nem o teu servo, nem a tua serva, nem o teu animal, nem o peregrino que viver das tuas portas para dentro. Porque o Senhor fez em seis dias o céu, a terra, e o mar, e tudo o que neles há, e descansou ao sétimo dia; por isso o Senhor abençoou o dia sétimo e o santificou." Ret. Exo. 20:8-11.

• P. 116. Que se exige no quarto mandamento?

R. O quarto mandamento exige de todos os homens o santificar ou o guardar santos para Deus todos os tempos especificados que Deus designou em sua Palavra, expressamente um dia inteiro em cada sete; que era o sétimo desde o princípio do mundo até à ressurreição de Cristo, e o primeiro dia da semana desde então até ao dia de hoje, e há de assim continuar até ao fim do mundo; o qual é o sábado cristão, e no Novo Testamento é chamado o dia do Senhor (Domingo). Rel. Gen. 2:3; I Cor. 16:2; At. 20:7; João 20:19,26: Apoc. 1:10.

• P. 117. Como há de ser santificado o Sábado ou Dia do Senhor?

R. O Sábado, ou Dia do Senhor, há de ser santificado por um santo descanso por todo aquele dia, não somente de tudo quanto é sempre pecaminoso, mas até de todas as ocupações e recreios seculares que são permitidos em outros dias: e em fazê-lo o nosso deleite, passando todo o tempo (exceto aquela parte que se deve empregar em obras de necessidade e misericórdia) nos exercícios públicos e particulares do culto de Deus. Para este fim havemos de preparar os nossos corações e com toda a previsão, diligência e moderação dispor e convenientemente arranjar os nossos negócios seculares, para que sejamos mais livres ,e mais prontos para os deveres desse dia. Ref. Exo. 20:8,10; e 16:25-26; Jer. 17:21-22; Mat 12:1-5; Lev. 23:3; Isa. 58:13; Luc. 4:16; At. 20:7; Luc 23:54-56; Ne.18:19.

• P. 118. Por que é o mandamento de guardar o Dia do Senhor (Domingo) mais especialmente dirigido aos chefes de famílias e outros superiores?

R. O mandamento de guardar o Dia do Senhor (Domingo) é mais especialmente dirigido aos chefes de família e outros superiores, porque estes são obrigados não somente a guardá-lo por si mesmos, mas a fazer seja observado por todos os que estão sob o seu cuidado; e porque são às vezes propensos a impedilas por trabalhos seus. Ref. Exo. 23: 12.

• P. 119. Quais são os pecados proibidos no quarto mandamento?

R. Os pecados proibidos no quarto mandamento são - toda omissão dos deveres exigidos, todo o cumprimento descuidoso, negligente e sem proveito, e o ficar cansado deles; toda a profanação do dia por ociosidade e por fazer aquilo que é em si pecaminoso: e por todas as obras, palavras e pensamentos desnecessários, tocantes às nossas ocupações e recreios seculares. Rei. Eze. 22:26; Amós 8:5; Eze. 23:38; Jer. 17:27.

• P. 120. Quais são as razões anexas ao quarto mandamento para lhe dar maior força?

R. As razões anexas ao quarto mandamento para lhe dar maior força são tiradas - da equidade dele, concedendo-nos Deus seis dias de cada sete para os nossos trabalhos e reservando um só para si, nestas palavras: "Seis dias trabalharás e farás tudo o que tens para fazer'; de Deus reclamar urna propriedade especial nesse dia:"O sétimo dia é o sábado do Senhor teu Deus"; do exemplo de Deus, que "em seis dias fez o céu e a terra, o mar e tudo o que neles há, e descansou no dia sétimo"; e da bênção que Deus conferiu a esse dia, não somente santificando-o para ser um dia para o seu serviço, mas também determinando-o para ser um meio de bênção para nós em santificá-la, "portanto o Senhor abençoou o dia de sábado e o santificou". Ref. Exo. 20:9-11.

• P. 121. Por que se acha a palavra "lembra-te" colocada no princípio do quarto mandamento?

R. A palavra "lembra-te" acha-se colocada no princípio do quarto mandamento, em parte pelo grande benefício que há em nos lembrarmos dele, sendo nós assim ajudados na nossa preparação para guardá-la; e porque em o guardar somos ajudadas a guardar melhor todos os mais mandamentos, e a continuar uma grata recordação dos dois grandes benefícios da criação e da redenção, que contêm em si um breve compêndio da religião; e em parte porque somos propensos a esquecermos deste mandamento visto haver menos luz da natureza para ele e restringir a nossa liberdade natural quanto a coisa permitidas em outros dias; porque este dia vem somente uma vez em cada sete, e muitos negócios seculares interveem e muitas vezes nos impedem de pensar nesse dia, seja para nos prepararmos, seja para o santificar; e porque Satanás, com os seus instrumentos, se esforça para apagar a glória e até a memória desse dia, para introduzir a irreligião e a impiedade; **e as *Sagradas Escrituras*.**

3) Reafirmar as resoluções do **SC/IPB e da CE-SC/IPB**; os **Princípios de Liturgia da IPB**; os preceitos estabelecidos nos **Símbolos de Fé da IPB** (Confissão de Fé; Catecismo Maior e Breve), fundamentados nas Escrituras Sagradas conforme acima transcritos. 4) Publicar em separado no Jornal Brasil Presbiteriano. Por decisão da Comissão Executiva do Supremo Concílio da Igreja Presbiteriana do Brasil, publicamos como artigo especial o documento abaixo que trata da importante guarda do Dia do Senhor. Entendemos que a IPB, em seus Princípios de Liturgia, reservam uma alusão especial a este tema de nossa prática cristã. *Secretário Executivo do SC-IPB, rev. Ludgero Bonilha Morais.*[47]

VIII - O SENTIDO ESCATOLÓGICO DO DIA DO SENHOR

[47] ***Jornal Brasil Presbiteriano***. Resoluções do Supremo concilio. Edição de Maio de 2004, ano 45, nº596, pág. 20

O dia de descanso/celebração prefigura o "sábado" eterno que aguardamos na manifestação gloriosa do Filho de Deus. O sábado, portanto, tem um sentido escatológico, prefigurando o descanso de todos os eleitos, aqueles que celebrarão para sempre com Cristo (Hb 4.1-11). O sábado antecipa de forma embrionária o descanso eterno que teremos, conforme o descanso de Deus (Gn 2.2-3/Hb 4.4,9). Do mesmo modo, a terra de Canaã não conclui a promessa, mas, constituiu-se num degrau no cumprimento da promessa a ser plenamente realizada (Hb 4.8-9/Hb 11.16).[48]

Figueiredo comentando a cerca do Catecismo de Heidelberg afirma que:

> *"O descanso sabático temporário simbolizava e prefigurava o descanso eterno, o sábado escatológico, com o seu "já" e o "ainda não" sumariados em Jesus Cristo, o único que pode afirmar: "Vinde a mim ..., e achareis descanso para as vossas almas"(Mt 12.28- 30). Cristo é o nosso sábado; nele nossas almas descansam hoje e descansarão no Dia do Senhor (kyriakê hemera), isto é, no Domingo escatológico. O sábado judaico era sinal da velha criação; o Domingo, sábado cristão, é o signo da nova era, o novo mundo, a nova raça eleita, a Igreja do Cordeiro. Todos os crentes verdadeiros, conforme a promessa,.entraram no descanso oferecido por Deus em seu Filho, nosso Senhor Jesus Cristo (Hb 4.3-10)".*[49]

É maravilhoso pensarmos que descansamos numa pessoa e não num dia. O descanso eterno está em Cristo, e ele mesmo quem afirma, "vinde a mim todos que estais cansados e oprimidos e eu vos aliviareis. Tomai sobre vós o meu julgo, e aprendei de mim por que sou manso e humilde de coração; e acharas descanso para as vossas almas. Porque o meu julgo é suave e o meu fardo é leve"[50], Ele afirma isto por que o peso tradições orais e acréscimos à lei impostos pelos judeus. É na pessoa de Jesus que temos o verdadeiro descanso.

---

[48] Hermisten M. P. Costa. ***Op.Cit***. Pág. 111

[49] Catecismo de Heidelberg. Comentado por Rev. Onezio Figueredo. Pergunta 103. http://www.ebenezer.org.br/Download/Onezio/CatecismoHeidelberg.pdf

[50] Mateus 11.28-30

Van Groningen assevera dizendo que:

"Depois que adão e Eva caíram em pecado, a benção e santidade do sétimo dia, e dos aspectos do cosmos criados previamente, foram afetadas severamente. Mas Deus manteve vestígios e poderes latentes destes. O obra redentora, que Deus iniciou imediatamente depois da queda, restauraria a benção e santidade do sétimo dia e toda a criação. o descanso abençoado e santificado deverá ser recuperado e totalmente aperfeiçoado. À medida que este processo é executado no contexto histórico, o povo de Deus é lembrado de que aquilo que eles realmente experimentam é um antegozo parcial, um tipo do que os espera na consumação. Por exemplo, a entrada de Israel na terra prometida deveria ser uma expressão e realização inicial deste dia escatológico de descanso". [51]

[51] Gerard Van Groningen. ***Op.Cit***. Pág. 98.

IX - CONCLUSÃO

Quando propus este tema "um Principio essencial da vida Cristã", foi pensando que o domingo jamais poderá ser desprezado, pois nos ensina e nos direciona a consumação final, a volta a um relacionamento intimo com o criador. O dia do Senhor é responsável em conter parte da devastação e degradação da humanidade caída. Quando coloquei o tema na capa como.

Precisamos entender que a boa definição dos termos deve nos levar a evitarmos cair em diversos erros, que ao longo da história tem sido causadora de controvérsias e divisões.

O dia do Senhor foi estabelecido para que o homem se deleitasse nele, desfrutando de intima comunhão, através da Leitura da Palavra, orações, comunhão em família e adoração.

Podemos ver que este dia é essencial para vida cristã por que:

a) **É um mandamento de Deus –** onde podemos ver que há uma dupla aplicação, seis dias de trabalho e um de descanso. Este descanso deve ser de forma que nos leve a termos plena comunhão com Deus através de nossas atividades neste dia.

b) **É um deleite para o corpo –** imagine se não tivéssemos um dia para nosso descanso. Deus proveu meios para que nosso corpo se revigora-se.

c) **Por que nos reunimos para celebrar o Cristo redivivo –** A igreja se reúne para ser edificado pela palavra e para cultuar a Deus, através de seu filho Jesus, que Ressuscitou.

d) **Por temos esperança de uma vida eterna –** quando olhamos para o dia do Senhor, nos lembramos que o nosso salvador virá e fará que seu povo entre em seu descanso eterno.

Que possamos ter em mente que a importância da quarta deste dia não esta em um calendário, mas sim para observarmos a importância do preparo, santificando-nos e exaltando-o da maneira devida.

Quero terminar com algumas dicas práticas extraídas de um artigo do site monergismo, onde o Rev. Mauro Aiello trata acerca do quarto mandamento .

1. Nada de madrugar nesse dia. Não é saudável que fiquemos até de madrugada em qualquer atividade, até aquelas que não são consideradas pecaminosas. Se essa atividade comprometer nosso desempenho durante o restante do dia, então não devemos praticá-la.
2. Levante cedo, faça sua oração, sua higiene pessoal, o desjejum e vá com horário suficiente para chegar pelo menos cinco minutos antes do início das atividades.
3. Após o Culto Matutino (nas igrejas onde há Culto Matutino) e Escola Bíblica Dominical, faça sua refeição. Após a refeição tire pelo menos um tempo (2 horas, por exemplo) para repouso. Assim você vai estar alerta para o Culto Noturno e com certeza não vai dormir.
4. Se você se considera descansado e com disposição física, faça uma visita a um irmão em Cristo. É bom certificar-se que esse irmão terá disponibilidade para te receber. É bom desenvolver a comunhão visitando os irmãos. Não permita que haja distanciamento entre você e seus irmãos na Igreja. Vamos manter a chama da unidade e nos estimularmos uns aos outros.
5. Se você canta no Coral e o mesmo ensaia no domingo a tarde, procure chegar em tempo, dê o melhor de si. O ensaio é tão importante quanto o momento do Culto. Cante e testemunhe através das músicas que você canta com os demais irmãos do Coral.[52]

Que assim o Senhor ricamente nos ajude a cumprirmos esta ordem do Senhor.

---

[52] Mauro Aiello. ***O dia Santo II***.
http://www.monergismo.com/textos/dez_mandamentos/dia_santo2_aiello.htm

BIBLIOGRAFIA

CALVIN. John. ***Sermons on Deuteronomy***. The Banner of Truth Trust. Murray field Road. Edinburgh, 1987.

CONFISSÃO DE FÉ DE WESTMINSTER, Editora Cultura Cristã (CEP), São Paulo (sp), 2001.

COSTA. Hermisten. ***Calvino de A a Z***. Editora vida, São Paulo. 1ª Edição 2006

COSTA. Hermisten M. P. ***Introdução à Teologia do Século XX, Jesus Cristo e o Sábado***. São Paulo (SP), Junho de 2007. Anotações parciais de aula da disciplina de Teologia do Culto, ministrada no seminário presbiteriano Reverendo José Manoel da Conceição. [trabalho não publicado].

COSTA. Hermisten Maia P., ***A soteriologia e a Teologia da Evangelização***, Anotações parciais de aula da disciplina de Teologia sistemática, ministrada no seminário presbiteriano Reverendo José Manoel da Conceição. [trabalho não publicado].

DYKE. Fred Van. ***A Criação Redimida,*** São Paulo, Editora Cultura Cristã, 1999.

FEE & **STUART.** Gordon. D. Douglas. *Entendes o que lês?* Editora vida nova. São Paulo(SP), 2006.

EUSÉBIO de Cesaréia - ***História Eclesiástica***, Editora CPAD, Rio de Janeiro (RJ), 1999,

FRAME. John. ***Em Espírito e em Verdade***. Editora Cultura cristã. CEP. São Paulo (SP), 2007.

GINGRICH F.Wilbur. ***Léxico do Novo Testamento, Grego Português***. Ed. Vida Nova. São Paulo (sp) 2004.

GERARD & **HARIET**. Van Groningen, ***Família da Aliança***. Editora cultura Cristã, 1997.

GRONINGEN Gerard Van. ***O Sábado no Antigo Testamento: Tempo para o Senhor, Tempo de Alegria Nele***. **Fides Reformata,** Vol III Número 2. São Paulo (SP), 1998.

GRONINGEN. Gerard Van. ***Criação e Consumação***. Editora Cultura Cristã. São Paulo (SP), 2002.

HALLEY. Henry H. ***Manual Bíblico***. Edições Vida Nova, 5ª Edição, São Paulo (SP),1983.

HENDRIKSEN. William. ***Comentário do Novo Testamento – Mateus. Vol II***. Editora Cultura Cristã. São Paulo (SP), 2001.

JORNAL BRASIL PRESBITERIANO. Edição de Maio de 2004, ano 45, nº596, pág. 20.

KAISER. Jr. Walter C. ***Teologia do Antigo Testamento***. São Paulo (SP), 2ª Edição 1999. Edições Vida Nova.

MEISTER. Mauro, ***Uma Breve introdução ao estudo do pacto.*** **Fides Reformata,** Vol. III Número 1. São Paulo (SP), 1998.

MEIN. John. "***Como a bíblia e como chegou até nós***". Juerp, Rio (RJ) 1987.

PIPA. Joseph A.. ***O dia do Senhor,*** São Paulo, Editora Os puritanos, 2000.

ROBERTSON. O. Palmer. ***Cristo dos Pactos***. Editora luz para o caminho (LPC), São Paulo (SP), 1ª Edição 1997.

BIBLIOGRAFIA ELETRÔNICA

http:// www.ebenezer.org.br/Download/Onezio/CatecismoHeidelberg.pdf

http:// www.monergismo.com/textos/dez_mandamentos/dia_santo2_aiello.htm

Printed by Books on Demand GmbH, Norderstedt / Germany